I0813817

Tiburones cebra

Nico Barnes

www.abdopublishing.com

Published by Abdo Kids, a division of ABDO, PO Box 398166, Minneapolis, Minnesota 55439.

Printed in the United States of America, North Mankato, Minnesota.

072014

092014

Spanish Translators: Maria Reyes-Wrede, Maria Puchol

Photo Credits: Getty Images, Shutterstock, Thinkstock, © Matthew Field p.1 / CC-BY-SA-3.0

Production Contributors: Teddy Borth, Jennie Forsberg, Grace Hansen

Design Contributors: Candice Keimig, Laura Rask, Dorothy Toth

Library of Congress Control Number: 2014938942

Cataloging-in-Publication Data

Barnes, Nico.

[Zebra sharks. Spanish]

Tiburones cebra / Nico Barnes.

p. cm. -- (Tiburones)

ISBN 978-1-62970-363-3 (lib. bdg.)

Includes bibliographical references and index.

1. Zebra sharks--Juvenile literature. 2. Spanish language materials—Juvenile literature. I. Title.

597.3--dc23

2014938942

Contenido

El tiburón cebra

El tiburón cebra vive en los océanos Índico y Pacífico. Se los encuentra en aguas cálidas y **costeras**.

Los tiburones cebra prefieren aguas **poco profundas**. Buscan lugares para esconderse y descansar.

Los tiburones cebra adultos tienen manchas en el lomo. A veces se los llama tiburones leopardo.

El tiburón cebra es largo y plano. Se posa en el fondo del mar.

Las colas de los tiburones cebra son largas. Las usan para nadar.

Los tiburones cebra no nadan rápido. Nadan como las **anguilas**.

Caza y alimentación

El tiburón cebra casi siempre caza de noche. Su comida favorita son los peces. Le gustan también los cangrejos y los caracoles.

Crías de tiburones cebra

Los tiburones cebra ponen huevos. Ponen alrededor de cuatro huevos a la vez.

A los tiburones cebra recién nacidos se los llama **crías**. Cuando nacen tienen rayas. Las crías son independientes desde que salen del huevo.

Más datos

- El tiburón cebra es nocturno. Eso significa que duerme durante el día y está despierto por la noche.
- Los tiburones cebra tienen pocos **depredadores**, principalmente los tiburones más grandes que ellos.
- La boca de un tiburón cebra está diseñada para triturar las conchas de algunas de sus **presas**, como las langostas, las ostras y las almejas.

Glosario

anguila - pez largo y angosto que parece una serpiente.

costera - que está cerca de la tierra.

cría - animal recién nacido.

depredador - animal que come otros animales para subsistir.

poco profundo - que no es hondo.

presa - un animal que ha sido cazado por un depredador para comérselo.

Índice

abdokids.com

¡Usa este código para entrar a abdokids.com y tener acceso a juegos, arte, videos y mucho más!

Código Abdo Kids:
SZK0694